Fabriquer un court de tennis

George E. Walsh

Writat

Cette édition parue en 2023

ISBN : 9789359258607

Publié par
Writat
email : info@writat.com

Contenu

INTRODUCTION

BIEN QUE le jeu de tennis sur gazon tel qu'il est pratiqué aujourd'hui ne date que de quarante à quarante-cinq ans, il s'agit en réalité de l'un des jeux de balle les plus anciens de tous. L'origine du jeu reste très obscure, mais il présente d'innombrables associations historiques qui le rendent d'un intérêt particulier.

Le tennis était mentionné dans les romans arthuriens et était largement pratiqué en Europe au Moyen Âge. On y jouait sur des cours ouvertes dans les parcs ou les fossés des châteaux féodaux de France et d'Italie. On l'appelait, en Italie, *giuoco della palla* ; en Allemagne, *Ballspiel* ; en France, *jeu de paume* ; et en Espagne, *jugar al able* .

Les Français l'ont emprunté aux Italiens, et le mot moderne « tennis » est dérivé de l'exclamation française de *Tenez !* qui était employé au service du ballon. C'était un jeu de rois et de nobles. À l'origine, on utilisait une boule de liège qu'on frappait avec la paume de la main. Un talus de terre a été utilisé à la place d'un filet. La première apparition du vacarme est incertaine, mais au temps d'Henri VII la main rencontrait parfois le vacarme sur les cours royales de Windsor.

Le major Walter C. Wingfield, de l'armée britannique, a pratiquement modernisé et popularisé le tennis. Il a breveté son jeu en 1874. Il se jouait sur un terrain de 60 × 30 pieds, en forme de sablier. Dans ce premier jeu de tennis, le filet mesurait 7 pieds de haut aux extrémités, mais s'affaissait progressivement vers le centre jusqu'à une hauteur de 4 pieds 8 pouces.

Le Marylebone Cricket Club, de Lord's, a formulé les premières lois et règles officielles régissant le jeu en 1875, et le nom officiel de « tennis sur gazon » a ensuite été adopté pour la première fois. Ce club a fixé la longueur officielle du terrain à 78 pieds. La largeur du terrain était de 30 pieds aux lignes de base et de 24 pieds aux filets, ce qui montrait que la formation en sablier était toujours respectée. Le filet lui-même mesurait 4 pieds de haut au centre et 5 pieds aux poteaux.

Depuis lors, des changements ont été progressivement apportés, tant dans les règles que dans la formation des tribunaux. Le filet fut progressivement abaissé et uniformisé sur toute sa longueur, et l'ancienne formation en sablier fut abandonnée.

Le tennis sur gazon a été introduit dans ce pays l'année même de son apparition en Angleterre, en 1874. Le premier court a été aménagé à Nahant, près de Boston, sur des terrains privés, et d'autres sont rapidement apparus à Newport, Staten Island et près de Philadelphie. Le jeu a rapidement gagné en popularité jusqu'à ce que des dizaines de milliers de personnes, jeunes et moins jeunes, le suivent comme l'un des loisirs de plein air les plus fascinants.

C'est aujourd'hui l'un de nos jeux de plein air les plus populaires pour les deux sexes, et il a conservé son emprise sur le public pendant de nombreuses années malgré l'introduction d'autres jeux et l'engouement pour les nouveautés. Le tennis offre juste ce qu'il faut d'exercice exaltant en plein air dont on semble avoir besoin, et des centaines de milliers de passionnés de ce jeu y jouent régulièrement tout au long de la saison.

Mais les possibilités de faire du court de tennis un excellent complément social à la campagne ne sont pas toujours pleinement appréciées par ceux qui suivent ce sport. Les cours sont principalement aménagées pour un usage pratique, mais cela ne doit pas interférer avec leur développement artistique pour en faire des éléments attrayants du jardin. Si l'on dispose d'un terrain suffisant pour un court de tennis, il doit être utilisé dans l'idée d'en faire un endroit agréable pour se reposer et se divertir pendant les journées chaudes.

EMPLACEMENT

L' emplacement du court de tennis doit avoir un espace parfaitement dégagé d'au moins 60 pieds sur 120 pieds, et son emplacement doit être aussi facilement situé à proximité de la maison que la topographie et l'architecture paysagère le permettent. Il est préférable de jouer à ce jeu en été dans une tenue semi- négligée , et si les terrains sont à une distance raisonnable de la maison, il ne sera pas nécessaire d'avoir des casiers ni des vestiaires. Si possible , une large terrasse devrait être placée entre la cour et la maison, ou, si elle peut être reliée au jardin par une large allée, tant mieux. Si la résidence de campagne est perchée au sommet ou sur le flanc d'une colline, il peut être nécessaire d'éloigner le tribunal à cause du manque de surface plane suffisante. Les caractéristiques architecturales de la maison et du terrain doivent dans tous les cas être soigneusement prises en compte lors de la conception des courts de tennis, et si ces derniers sont harmonisés avec les premiers, le résultat est très agréable à l'œil.

Le terrain doit être construit sur un site où il y a toujours beaucoup de soleil, mais il ne doit jamais y avoir de fond très clair. Une maison en stuc clair, par exemple, ou une terrasse italienne en marbre, constitueraient le pire arrière-plan possible pour une cour si elles étaient situées très près d'elles. Un fond clair déroute les joueurs et empêche souvent les yeux de suivre le ballon.

C'est une erreur d'avoir un fond de feuillage aux extrémités des courts si cela peut être évité. Un ciel clair en arrière-plan rend les balles plus visibles

L'emplacement du terrain doit être, autant que possible, plat et doté d'un drainage naturel, mais si ces conditions ne sont pas réunies , elles peuvent être obtenues par un nivellement soigneux et un drainage artificiel. Ils augmentent considérablement le coût de construction du tribunal et il peut donc s'agir d'abandonner un site par ailleurs idéal pour un autre plus plat et mieux drainé. Un tribunal ne doit jamais être situé dans un creux où le terrain environnant s'incline de toutes les directions vers lui. Aucun drainage artificiel ne pourrait maintenir un tel endroit sec. Une série de terrasses en gazon menant au terrain ne doit pas nécessairement gêner sa construction si le terrain s'éloigne du terrain dans d'autres directions. Un fossé aveugle ou un drain peut être aménagé au bas de la dernière terrasse afin que le surplus d'eau soit évacué du terrain.

Le site doit également être choisi en fonction de la nature du sol, toutes choses étant égales par ailleurs. Une fondation rocheuse implique des dépenses importantes en matière de dynamitage et de transport des matériaux pour la fondation. Un sol argileux très épais, qui retient l'eau pendant longtemps, ne convient pas non plus à la cour, et les dépenses de construction sont augmentées en le transportant et en le remplaçant par un enduit plus poreux. Un sol naturel, assez sablonneux et bien drainé est l'idéal pour le terrain, et lorsque cela est présent, le coût de construction sera relativement léger.

Mais généralement , le site doit être choisi sans trop tenir compte des conditions naturelles du sol. Si le site est satisfaisant à d'autres égards , il est probablement plus économique en fin de compte de le choisir et de s'occuper ensuite de la question du drainage. Aucun tribunal ne servira à grand-chose s'il n'est pas bien drainé et bien construit , et ce sont des points qui seront examinés en détail plus tard. Les principales considérations lors du choix d'un site pour un tribunal sont donc l'espace, la lumière et le drainage.

Un fait qui n'est pas toujours apprécié par les amateurs d'aménagement de courts de tennis est qu'en disposant les courts plein nord et sud, on évite l'inconvénient de jouer avec le soleil dans les yeux. Lorsqu'il est placé à l'est et à l'ouest, un joueur doit toujours faire face au soleil, ce qui est bien sûr un handicap. Si le terrain est orienté au nord et au sud, le soleil ne gêne jamais ni le matin ni l'après-midi.

Le court de tennis ne doit pas être entouré d'arbres de tous côtés. C'est une erreur couramment commise. Les arbres doivent être plantés uniquement du côté ouest des courts, et non du côté nord et sud. Le feuillage des arbres gêne les joueurs pour voir le ballon, surtout la nuit. Le ballon se détache plus nettement sur un fond de ciel bleu que sur un fond de feuillage vert. Les arbres à l'ouest fournissent de l'ombre sans gêner les joueurs.

Si les arbres se rassemblent trop près du terrain, ils rendent la surface humide et, par temps pluvieux, il peut être impossible de jouer pendant plusieurs jours. Si le terrain n'est pas ombragé du côté est, le soleil du matin asséchera la surface après une pluie, de sorte que le jeu pourra reprendre dans l'après-midi.

Tous ces points liés à l'aménagement d'un court de tennis peuvent sembler simples et clairs à quiconque lorsqu'on y réfléchit, mais le fait de ne pas les respecter provoque souvent une quantité infinie de désagréments. Par exemple, l'un des meilleurs clubs de tennis du pays avait ses courts orientés est et ouest, et la difficulté de jouer avec le soleil dans les yeux causait tellement de problèmes que les courts durent être reconstruits. Il n'y avait aucune raison, hormis un oubli, pour laquelle ils avaient été mal présentés en premier lieu.

Un autre club dont les terrains en gazon étaient aménagés avec une végétation dense d'arbres à quelques mètres des courts, du côté est, est finalement arrivé à la conclusion qu'il fallait soit réaménager les courts, soit abattre certains arbres. L'ombre matinale des arbres empêchait les courts de se dessécher si rapidement que les joueurs en étaient dégoûtés. De belles matinées se levaient après une tempête de pluie, et les joueurs s'attendaient à de beaux après-midi de tennis ; mais les courts furent trop mouillés jusque très tard dans la journée.

Comme pour tout le reste, il existe une bonne et une mauvaise façon d'aménager les courts, et si l'on le fait comme un élément permanent du terrain, un peu de soin et d'attention à ces détails ajoutera cent pour cent. à la valeur et augmenter le confort des joueurs et des spectateurs.

TYPES DE TRIBUNAUX

LE TENNIS peut être joué sur presque toutes les surfaces lisses et planes, que ce soit à l'intérieur ou à l'extérieur, et la question de savoir comment garantir de la meilleure façon la surface la plus souhaitable pour les courts a attiré l'attention de nombreux experts. Si la pelouse est considérée comme l'endroit idéal pour jouer à domicile, les clubs et associations de tennis ont plus généralement adopté le terrain en terre battue ou en terre battue. Cela s'explique entre autres par le fait que la surface ne se laisse pas facilement abîmer par les pieds des joueurs et que son maintien en parfait état est plus facile là où son utilisation est presque continue tout au long de la saison.

Mais les conditions varient dans chaque pays et dans certaines parties de notre propre territoire, et les terrains en gazon et en terre battue idéaux ne sont pas toujours aussi faciles à construire là où cela est nécessaire. C'est pourquoi nous trouvons de nombreuses tentatives pour construire des tribunaux avec d'autres matériaux. En Australie, par exemple, on construit depuis des années des courts en pierre bleue craquelée. La grande abondance de ce matériel dans ce pays est responsable de son utilisation généralisée. Les fondations de la cour sont faites de pierre bleue de taille considérable et la surface a été finie avec de la pierre bleue très finement craquelée. Un tel terrain est dur et résistant, mais il présente l'inconvénient d'être dur pour les pieds et les balles. En fait, de nombreux experts du tennis refusent de participer à des tournois organisés sur des courts construits avec de tels matériaux.

En Angleterre, de nombreux courts de tennis étaient faits de moellons de briques, qui constituent en réalité un substitut moins coûteux à la pierre bleue australienne. Un terrain anglais fabriqué avec ce matériau présente également l'inconvénient d'être très sale et les joueurs ne l'aiment pas beaucoup. Le cendre est un autre matériau qui a été utilisé en Angleterre et dans ce pays pour les courts de tennis, mais il n'a jamais été populaire. La surface est tellement granuleuse que les pieds des joueurs deviennent douloureux après quelques sets.

Le long de la côte de Jersey, le tennis est populaire, mais les conditions sont défavorables à la construction d'un court en gazon ou en terre battue. Le sol est principalement constitué d'une épaisse couche de terre noire en dessous, avec une surface de sable fin de plage, ou il est composé presque entièrement de sable. La construction de courts en terre battue dans de telles localités nécessitait l'enlèvement complet du sol jusqu'à une profondeur de près de deux pieds et l'importation d'argile d'une certaine distance. Le sable fin du bord de mer était utilisé comme couche de finition. Ce type de tribunal s'est rarement révélé satisfaisant. Le sable fin du bord de mer se détache trop facilement sous l'action des pieds des joueurs, et le terrain présente bientôt des inégalités. Afin d'utiliser le sable du bord de mer pour le revêtement, il est nécessaire de le mélanger avec une forte proportion d'argile comme liant. Si le mélange approprié est obtenu, la surface devient assez durable. Habituellement, cette proportion doit atteindre deux ou trois parties d'argile pour une partie de sable. Toute proportion supérieure à deux pour un rend le drainage mauvais. Il n'y a pas suffisamment de sable pour rendre la surface poreuse et l'eau s'accumule, rendant le terrain inutilisable pendant un certain temps après chaque tempête de pluie.

Un bon terrain en terre battue est peut-être plus coûteux à construire au départ, mais il est plus facile de le maintenir dans un état de première classe.

Néanmoins, certains terrains très jolis ont été construits en utilisant une fondation de cendres et un revêtement supérieur avec trois pouces de sable et d'argile de bord de mer. Lors du choix du sable à cet effet, il convient de choisir le plus grossier trouvé au bord de la mer. Le sable le plus fin se mélange à l'argile sans la rendre poreuse.

Nous disposons également de courts de tennis en béton, ciment et asphalte, mais peu d'entre eux sont réellement satisfaisants. Ils ont tous l'inconvénient d'être durs pour les pieds et les ballons. Les courts en béton et en ciment sont en outre très durs pour les yeux. L'éclat blanc de la surface lors des journées ensoleillées incite souvent les joueurs à abandonner après quelques parties. L'asphalte n'est pas si dur pour les yeux, mais ce n'est pas un matériau idéal pour les courts de tennis. Au départ, il coûte très cher et est trop sensible à la chaleur et au froid. Lors des journées chaudes, il devient parfois trop mou, voire collant aux pieds, pour un jeu expert. En hiver, il est susceptible de se fissurer avec le gel, bien que cela puisse être évité s'il est correctement posé avec une fondation de pierres et de cendres.

Il existe un autre matériau qui a été testé pour les courts de tennis et qui suscite une attention considérable. C'est du bois. Le tennis en salle pendant la saison hivernale est depuis longtemps populaire parmi les amateurs de ce sport, et les armureries et autres grands bâtiments sont utilisés comme abris. Les courts ici sont naturellement aménagés sur du parquet. Un assez bon tennis peut être joué sur ceux-ci, car le bois a plus de souplesse et de résilience que le béton ou le ciment, et il n'est pas aussi dur pour les pieds ou les balles.

La popularité du tennis en salle sur parquet a conduit à la construction de courts en bois extérieurs pour jouer en hiver. Un court en bois correctement construit peut être utilisé par temps froid. La boue et l'eau ne peuvent pas gêner les joueurs. La neige peut être déneigée et les terrains sont immédiatement prêts à jouer.

Un terrain extérieur en bois pour l'hiver est un travail plutôt coûteux, car une fondation solide doit être constituée de pierres concassées et de petits cailloux, surmontée d'une couche de béton. Ensuite, le parquet est posé dessus. Les courts en bois sont en cours d'évolution pour une utilisation en extérieur, et la manière la plus satisfaisante de les construire est encore controversée. Une solution consiste à utiliser des blocs ou des carrés de bois disposés bout à bout, de manière à ce que le grain du bois monte et descende. Les trottoirs en bois sont fabriqués de cette manière depuis longtemps et résistent à un trafic intense et à une utilisation constante. Il n'y a alors aucun danger d'éclats et ils sont très durables. Les blocs sont rapprochés et la surface est lissée avec un grattoir à sol. Si le terrain est usé par endroits, la surface peut être grattée sans frais avec un grattoir à sol moderne. Mais la surface en bois doit être posée sur une fondation solide qui ne sera pas affectée par le gel, sinon les blocs de bois seront désalignés. De plus, la surface doit être surélevée au-dessus du terrain environnant afin que l'eau ne se dépose pas sur les courts. Les courts de tennis en bois deviendront sans aucun doute de plus en plus populaires auprès des clubs à mesure que la demande de jeux extérieurs en hiver augmentera. Des améliorations seront ensuite apportées progressivement au fur et à mesure que l'expérience l'enseigne.

CONSTRUCTION DE TERRAINS EN TERRAIN

UN terrain en terre battue correctement construit est généralement plus coûteux qu'un terrain en gazon, car le sol doit être creusé à une profondeur de huit ou dix pouces afin qu'une fondation puisse être constituée de pierres, de cendres ou de gravier. Le problème du drainage est l'un des plus importants dans l'aménagement des courts en terre battue et, s'il est négligé, le court le plus prometteur deviendra bientôt un lieu de rassemblement pour les piscines. Avec le temps, il s'installera par endroits et nécessitera des réparations constantes pour le maintenir dans n'importe quel état. Même s'il faut un bon ingénieur pour construire un terrain en terre battue adapté au jeu professionnel, un novice peut réaliser un travail adapté à tous les usages ordinaires. Comme le coût de construction d'un tel bâtiment dépend en grande partie de la main d'œuvre, il peut être réalisé à hauteur d'un tiers du coût total grâce à la coopération de plusieurs membres de la famille pour l'excavation et le transport des matériaux jusqu'au site.

Pour réaliser un bon terrain en terre battue, il faudra d'abord creuser la surface jusqu'à une profondeur d'au moins un pied et la niveler grossièrement avec un niveau à bulle. Le coût de cette excavation dans la terre ordinaire ne dépasse pas dix ou quinze dollars, mais là où les roches doivent être dynamitées, le coût peut être cinq ou six fois plus élevé.

Après avoir nivelé les fondations, une couche de six pouces de roche piège, comme celle utilisée dans le macadamisation des routes, ou de toute pierre brisée allant de la taille d'une noix à un œuf, doit être placée dans l'excavation. Cela doit également être nivelé pour conserver la note. Un court de tennis inégal ne donnera jamais satisfaction. Avant de placer la couche suivante de gravier sur le piège rocheux, il faut prévoir un drainage. Il existe plusieurs méthodes pour drainer un terrain, selon la nature du sol et les préférences des propriétaires.

Pour les sols ordinaires, une bonne méthode consiste à poser le tuyau d'évacuation près du filet et à angle droit par rapport aux terrains, en les divisant en deux. Le tuyau d'évacuation peut être constitué de tuyaux d'égout en terre cuite coupés en deux ou de gouttières en terre cuite, comme celles utilisées sur les toits de tuiles. Ils sont posés parallèlement au filet et remplis de pierres détachées. Les drains sont suffisamment inclinés pour évacuer l'eau sur les côtés ou vers un réceptacle au centre. Parfois, un tonneau est enfoncé au milieu et rempli de pierres, et les tuyaux d'évacuation s'y déversent.

Une autre méthode courante consiste à vider les courts à la fin. Dans ce cas, la cour du filet est de deux pouces plus haute qu'aux extrémités, et sur un sol poreux, cela suffira pour évacuer l'eau. Lorsque le tuyau d'évacuation est placé près du filet, l'inclinaison des extrémités vers le centre doit être comprise entre un et deux pouces.

Nous rencontrons des problèmes de drainage plus difficiles dans les sols limoneux et argileux très épais. Un drainage artificiel plus élaboré est nécessaire ici, sinon les courts resteront boueux et collants pendant des jours après des averses. Des tuyaux d'évacuation doivent être posés sous les courts à différents endroits et inclinés vers un point particulier. Les tuyaux de drainage ouverts sont posés avant la mise en place du piège et remplis de pierres brisées afin qu'ils ne soient pas obstrués par la saleté. Deux ou trois de ces lignes de tuyaux ouverts doivent être placées de chaque côté du filet. Ils doivent courir depuis les extrémités des terrains vers le filet et se déverser dans la gouttière placée sous le filet. Le nombre de ces tuyaux de drainage dépend de la nature collante du sol. Quatre rangées parallèles de chaque côté du filet devraient suffire pour les sols les plus pauvres.

Lorsque les tuyaux de drainage sont posés et que les terrains sont correctement nivelés avec les fondations en pierre piège, une couche de trois pouces de gros gravier ou de fines pierres concassées doit être étalée sur la surface. Celui-ci doit être pilé, martelé et arrosé. L'eau tendra à montrer les points faibles où une décantation est susceptible de se produire, et les dépressions ainsi formées devront être comblées avec de la matière fraîche. Lorsque cette couche de gros gravier a été nivelée, pilée et déposée, la couche supérieure, composée d'un mélange de loam sableux et d'argile, doit être appliquée. Cette couche de finition doit avoir au moins trois pouces d'épaisseur, et quatre ou cinq, c'est mieux. L'argile sableuse et le loam doivent être mélangés pour le top-dressing, mais la proportion de chacun dépend de la nature de l'argile. Si l'argile est très collante, il faudra plus de sable. Il doit être suffisamment poreux pour permettre à l'eau de passer facilement, mais pas au point que la surface soit trop molle. S'il n'y a pas suffisamment de sable, la surface sera collante après une tempête de pluie. Pour des usages ordinaires, une partie de sable fin pour quatre parties d'argile constitue une surface de finition idéale, mais il faut parfois utiliser une partie et demie de sable.

Lorsque la surface de finition est posée, elle doit être nivelée et roulée à plusieurs reprises. L'arrosage est également indispensable, mais une bonne pluie fera des merveilles pour tasser la surface. Des défauts et des dépressions se développeront alors et pourront être corrigés en les comblant avec du nouveau matériau. De plus, si la surface s'avère trop collante, ajoutez un peu plus de sable sur le dessus, travaillez et roulez-la. Plusieurs semaines peuvent être nécessaires pour perfectionner la surface supérieure du terrain afin qu'elle soit imperméable à la pluie.

CONSTRUCTION DE TERRAINS EN GAZON

POUR le jardin et la maison où le tennis est joué uniquement par les membres de la maison et leurs amis, le terrain en gazon est bien sûr le plus artistique et le plus beau. Le terrain en terre battue ou en terre battue est plus satisfaisant pour les clubs où une utilisation constante est susceptible d'user le gazon. Si le green est suffisamment grand pour déplacer le terrain fréquemment afin que l'usure ne se produise pas à certains endroits, le terrain en gazon peut répondre à toutes les exigences des clubs et des parcs.

Si le gazon naturel du site choisi pour un terrain de gazon est luxuriant et le sol favorable à une croissance rapide, les dépenses de construction peuvent être très légères. Si le gazon naturel est pauvre et le sol mince, il sera nécessaire d'importer de la bonne terre et d'acheter du gazon riche dans une ferme ou une prairie. Si l'herbe est très inégale, mais le sol riche, il peut être finalement satisfaisant, et certainement moins coûteux, d'enlever tout le gazon et de semer l'herbe à la fin de l'été, et de répéter cette opération au début du printemps. Il ne serait cependant guère conseillé d'utiliser beaucoup le terrain la première année, car la jeune herbe serait bientôt usée à moins d'obtenir un gazon ferme.

Un terrain en gazon est le meilleur endroit pour jouer par temps chaud. Le vert de la pelouse est agréable et reposant pour les yeux, et le gazon moelleux est rafraîchissant et doux pour les pieds. Le doux parfum de l'herbe verte ajoute au plaisir du passe-temps, et les pistes et terrasses reposantes invitent à se prélasser sur le green après ou avant une partie. Les terrains en terre battue, en béton et en asphalte, et même les terrains en bois, peuvent plaire aux passionnés désireux de jouer uniquement au jeu le plus rapide, mais leur blancheur éclatante et leur surface dure et inflexible n'apportent pas le plaisir que procurent les terrains en gazon. Pour ces raisons, les terrains en gazon doivent toujours être choisis pour l'été ou la campagne, et ils doivent être construits et aménagés en tenant compte de leur harmonie avec le paysage environnant et l'architecture de la résidence.

Les terrains en gazon sont certainement des éléments plus attrayants de l'environnement familial, mais pour un jeu vraiment sérieux, ils nécessitent des soins constants.

La construction d'un terrain en herbe est moins difficile que celle d'un terrain en terre battue, mais si le sol est très épais et lourd, il faut prévoir une sorte de fondation pour drainer le sous-sol. Sur des sols très défavorables, des drains carrelés sont parfois posés avant le remplacement du gazon. On a parfois recours à une couche de pierres à six pouces sous le gazon ; mais généralement, aucune disposition de ce type pour le drainage souterrain n'est requise pour le terrain en gazon. Si un drainage latéral et aux extrémités est prévu et que le sol n'est pas trop lourd, l'eau ne s'accumulera pas et ne restera pas beaucoup sur le terrain.

La construction d'un terrain en gazon est simple lorsqu'aucune tentative n'est faite pour le drainer. La première chose à faire est de soulever le gazon aussi soigneusement que possible et de le mettre de côté pour une utilisation ultérieure. Le gazon doit être coupé aussi près que possible de six pouces de profondeur et doit être soulevé en carrés de quinze à dix-huit pouces. Empilez soigneusement le gazon sur un côté et gardez-le humide et partiellement protégé du soleil brûlant. Lorsque le gazon a été entièrement enlevé, creusez le sol jusqu'à une profondeur de dix-huit pouces, en enlevant toutes les pierres, racines et obstructions. Ratissez soigneusement et roulez jusqu'à un niveau, en arrosant fréquemment et en remplissant toutes les dépressions. Lorsqu'un niveau parfait a été obtenu, remplacez le gazon.

Ceux-ci doivent être posés avec soin afin que les bords soient bien ajustés. Les fissures et les joints ouverts doivent être comblés avec des morceaux de gazon plus petits. Roulez, arrosez et nivelez la surface jusqu'à ce que tout soit satisfaisant. Il faudra peut-être couper du gazon frais et le placer là où des zones minces apparaissent au cours de la première saison. Au printemps de l'année, des graines de gazon fraîches peuvent être semées.

Si le gazon ou l'herbe est pauvre, il sera préférable de supprimer complètement l'engazonnement et de semer la surface avec des graines. Il est préférable dans un tel cas de faire le terrain en gazon à l' automne de l'année. Les tempêtes hivernales vont le régler en profondeur et révéler ses points faibles. À la mi-mars, ratissez la surface, nivelez, semez les graines et roulez soigneusement. Il doit être semé deux fois dans des directions différentes, afin d'obtenir une récolte uniforme. Le semis peut être effectué à l'automne ou au printemps. Environ cinq boisseaux de semences de gazon seront nécessaires pour un terrain pleine grandeur. N'utilisez pas de graines de trèfle lors du semis, ni de guano comme engrais. Lorsque l'herbe est suffisamment haute pour être coupée, utilisez d'abord la faux ou la faucille et conservez la tondeuse à gazon pour une tonte ultérieure. Retirez les mauvaises herbes dès leur apparition en les déracinant ou, si les racines persistent, appliquez du sel dessus. Lorsque l'herbe est suffisamment haute pour une tonte régulière, utilisez la tondeuse au moins une fois par semaine, et plus souvent par temps humide.

Dans de nombreuses localités, les vers sont très nombreux et destructeurs pour les courts de tennis. En remontant à la surface, ils forment de petits monticules et des trous qui permettent à l'eau de s'écouler et de provoquer des dépressions. Dans les régions où les vers sont très nuisibles, une couche de cendres finement tamisées est déposée sur les fondations en pierre du terrain en terre battue ou au fond de l'excavation d'un terrain en herbe. Ces cendres empêcheront les vers de se développer, mais si elles sont placées sur le terrain en gazon, la couche de cendres doit être à une profondeur d'un pied ou plus sous la surface, afin de ne pas interférer avec les racines de l'herbe.

Il ne faut pas oublier que les terrains en gazon s'usent plus rapidement et nécessitent plus d'entretien que ceux en terre battue, surtout lorsqu'ils sont soumis à un usage constant.

Le coût de fabrication des courts de tennis varie considérablement, comme on peut le constater. On paie parfois entre 200 et 300 dollars pour construire des courts de tennis, mais d'autres ne coûtent pas plus de 25 dollars lorsque les conditions sont favorables et que l'on est prêt à faire une partie du travail. Les courts les plus difficiles à réaliser sont ceux en terre battue posés sur des fondations rocheuses où le dynamitage est nécessaire. Des terrains en gazon presque nivelés peuvent parfois être réalisés en enlevant seulement une partie du gazon et en le remplaçant après avoir creusé une partie du sous-sol. Cela peut coûter seulement quelques dollars.

TAILLES ET MARQUAGE

LA surface de jeu d'un court de tennis pour le simple est de 27 × 78 pieds, et pour le double de 36 × 78 pieds ; mais comme un terrain double contient toutes les lignes pour les simples, il est d'usage de délimiter les lignes pour les doubles au début. En arrière de la ligne extérieure, il doit y avoir un espace de 15 à 20 pieds jusqu'aux filets d'arrêt, et sur les côtés il doit y avoir au moins 6 pieds, de préférence 10 ou 12 pieds, au-delà de la ligne du double terrain. Cela permet un accès libre aux terrains de chaque côté du filet et laisse également de la place aux joueurs lors de la volée. C'est la raison pour laquelle un espace de 60×120 est généralement considéré comme nécessaire pour un bon site de tennis.

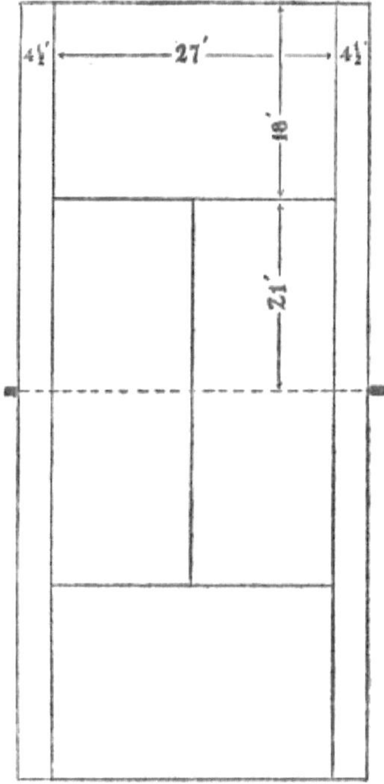

Les dimensions standards pour un terrain double sont indiquées. Une méthode pratique pour définir ces dimensions est donnée dans le texte d'accompagnement.

Le marquage d'un terrain doit être précis. Déterminez d'abord la position de votre filet au milieu du terrain, puis disposez le terrain unique. Placez temporairement deux piquets dans le sol à 27 pieds l'un de l'autre et tracez une ligne pour représenter le filet. Mesurez ensuite deux longueurs de ficelle : l'une de 39 pieds de long et l' autre de 47 pieds 5 pouces. Avec ces deux longueurs, vous pouvez personnaliser parfaitement vos terrains.

Posez la longueur de ficelle la plus courte sur le sol à peu près à angle droit par rapport à l'un des piquets du filet ; puis démarrez la corde la plus longue à partir de la cheville opposée et faites-la passer en diagonale jusqu'à ce qu'elle atteigne l'extrémité de la corde de 39 pieds. À ce stade, enfoncez un piquet de coin. Vous avez un triangle rectangle absolument exact. Répétez cette opération pour obtenir l'autre coin, puis obtenez les coins de l'autre côté du filet de la même manière. Une fois les piquets de coin en place, mesurez ensuite à partir du piquet du filet 21 pieds sur la ligne de 39 pieds. Ce point marque la fin de la ligne de service et une ligne droite qui le traverse coupera au milieu les lignes diagonales.

Un espace de 60 × 120 pieds est généralement considéré comme nécessaire pour un bon court de tennis, et il est parfois nécessaire de clôturer cette zone avec un mur de soutènement bas en maçonnerie.

Pour les courts doubles, prolongez la ligne du filet de 4 pieds 6 pouces et joignez-la aux points situés à l'extrémité pour former des allées. Les courts doubles sont alors terminés sauf la ligne centrale. Ceci est obtenu en mesurant le milieu des lignes de service et en les reliant par une ligne droite passant par le centre.

Comme il est assez compliqué de mesurer en dehors des terrains, il est essentiel que les points de coin soient rendus permanents. Les petits piquets ou piquets doivent être enfoncés suffisamment profondément dans le sol dans les coins pour ne pas faire trébucher les joueurs. Presque toutes les fortes pluies emportent les lignes, de sorte qu'il est nécessaire de les remarquer. Sur les courts en terre battue, de la peinture blanche est parfois utilisée pour le marquage, car elle dure plus longtemps que le badigeon de chaux, mais au mieux, les remarques doivent être faites assez fréquemment. La peinture ne convient pas aux terrains en gazon en raison des dommages causés aux racines. Du ruban de marquage blanc portable est parfois utilisé. Celui-ci est maintenu par des agrafes et des épingles à double pointe, mais il existe toujours un risque que la bande fasse trébucher un lecteur.

Des balises ont été imaginées pour faciliter le tracé des courts de tennis. Il s'agit pour la plupart d'un récipient en fer ou en fer blanc monté sur roulettes, muni d'une roue de marquage à l'avant sur laquelle le contenu est pulvérisé en permanence. De la poussière de marbre ou de la chaux éteinte peuvent être utilisées dans ces marqueurs. Ils donnent une largeur uniforme et on peut tracer les lignes aussi vite qu'on peut marcher. Des marqueurs faits maison peuvent être fabriqués en retournant une boîte de conserve et en fermant la bouche à l'exception d'un petit trou à travers lequel le liquide peut s'écouler. Une roue ordinaire avec une jante plate d'un pouce de largeur est amenée à tourner devant l'embouchure de la boîte afin de récupérer les gouttes de liquide. Monté sur un essieu muni de poignées, cet engin est poussé devant l'opérateur.

Sur un terrain en gazon, aucune de ces méthodes de marquage n'est égale au gazon lui-même. Au moment où la graine est semée sur le terrain, plantez librement dans une partie du jardin la graine de l'herbe à queue de chien . Cette herbe va du jaune vert au blanc, et si elle est semée en très épaisse quantité, elle servira à délimiter les terrains. Lorsque l'herbe sur le terrain est suffisamment haute pour être coupée, transplantez l' herbe à queue de chien sur les lignes délimitées.

Délimitez exactement les terrains avec du ruban adhésif ou de la ficelle, puis découpez sur un côté une bande de gazon de deux pouces et demi de large. Cette bande est ensuite remplie de plaques de gazon à queue de chien cultivées dans le jardin à cet effet. Le gazon doit être bien tapoté et quelques graines d' herbe à queue de chien doivent être semées avec. De cette façon, vous avez des terrains délimités en permanence par du gazon et le contraste des couleurs est suffisant pour tous les besoins de jeu. L'effet, bien sûr, est très frappant, et bien en avance sur les courts qui doivent être blanchis à la chaux après chaque averse.

L' herbe à queue de chien est une plante robuste qui, si elle n'est pas contrôlée, se propagera dans le terrain lui-même. Ceci peut toutefois être évité par un désherbage occasionnel. Il doit être conservé dans sa bande étroite même s'il faut parfois arracher les racines. Si les racines étalées

envahissent l'herbe verte, celle-ci peut être renouvelée en plantant un peu de
gazon provenant d'une autre partie du jardin.

ANTIDÉVIREURS ET FILETS

UNE GRANDE variété de backstops peut être introduite sur les courts de tennis, et leurs effets décoratifs doivent toujours être pris en compte lors de l'aménagement du terrain. Les filets de sécurité doivent être situés à au moins 15 pieds en arrière de la ligne du terrain, mais 21 pieds sont considérés comme la distance standard où se déroulent les tournois. De nombreux joueurs experts refusent de participer à des tournois où les distances réglementaires ne sont pas respectées. Les filets métalliques ne doivent pas mesurer moins de 10 pieds de haut, et 15 pieds sont considérés comme la hauteur la plus appropriée.

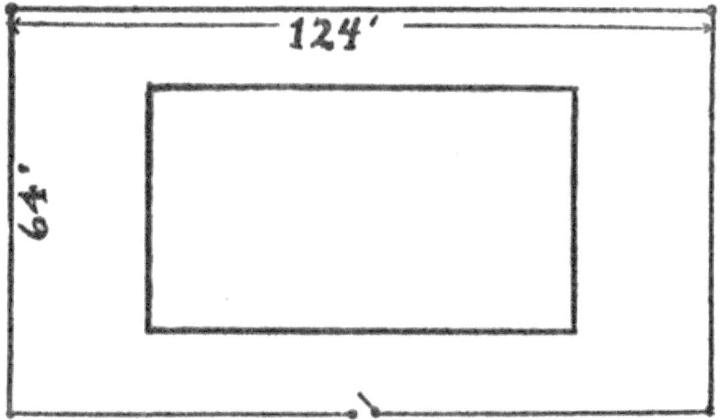

Lorsque le terrain est entièrement entouré de filets d'arrêt, les dimensions hors tout peuvent être celles indiquées, mais elles ne doivent pas être inférieures à 60 × 120 pieds.

Alors que l'antidévireur habituel est constitué de poteaux de fer creux enfoncés dans le sol à des intervalles de 10 ou 15 pieds, avec des grillages ou des grillages tendus entre eux, il n'est pas rare aujourd'hui de trouver des éléments plus élaborés d'une véritable valeur architecturale à harmoniser. avec la résidence et les autres bâtiments. Des effets pergola sont ainsi utilisés. Les poteaux en bois massif sont enfoncés dans le sol, puis enveloppés d'un grillage pour retenir le stuc. Ce dernier est appliqué de la manière habituelle et fini en blanc, blanc crème ou gris. Le grillage doit être tendu d'un poteau à l'autre avant d'appliquer le stuc. Des poutres en bois rejoignent les sommets des colonnes en stuc, et une moulure de pied, avec parfois une balustrade, relie les poteaux de base en base. Le caractère plutôt élaboré de ces butées de tennis ne peut pas toujours être compris par un novice, bien qu'un bon charpentier ou maçon puisse effectuer le travail si les plans sont soigneusement esquissés à l'avance.

La forme la plus simple de sécurité est le cadre de tuyaux en fer, qui sont maintenant fabriqués spécialement à cet effet, recouverts d'un grillage ordinaire.

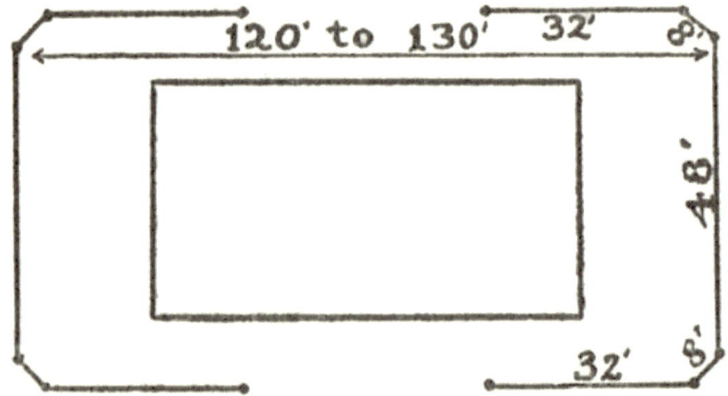

Une économie de filets d'arrêt est fréquemment réalisée en laissant des espaces ouverts sur les côtés

Le simple filet de sécurité constitué de treillis métalliques et de poteaux en fer n'améliore pas la beauté de la pelouse et, par conséquent, de nombreuses expériences ont été faites pour éliminer, autant que possible, leur laideur.

Peindre l'ensemble en vert herbe afin de le rendre aussi discret que possible est une manière d'atteindre en partie les résultats souhaités. Une autre méthode simple et plus satisfaisante pour dissimuler les simples filets de sécurité consiste à utiliser les choses que la nature nous fournit si abondamment. Celles-ci peuvent pousser dans notre jardin ou être répandues dans les champs et les bois, grimpant par-dessus les haies et les clôtures et atteignant la cime des arbres.

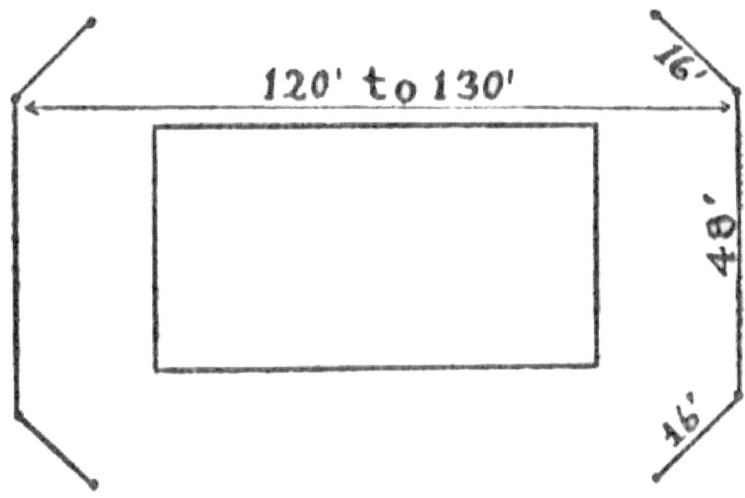

La forme la plus économique de filet d'arrêt est présentée ici, même si elle n'arrêtera pas, bien entendu, toutes les balles perdues.

Par exemple , le grillage érigé à chaque extrémité du terrain peut être transformé en écran de verdure en plantant des vignes à l'extérieur ou, si l'on préfère, il peut être recouvert de rosiers grimpants pour lui donner un magnifique effet de couleur. Mieux encore qu'un grillage ordinaire, un écran artistique composé de treillis ou de treillis peut être érigé. Celui-ci peut être recouvert sur le dos avec presque toutes les vignes grimpantes. Les roses, le chèvrefeuille, la clématite, la vigne trompette ou la fleur de lune conviennent tous à cet effet. Avec un peu de taille et de palissage, le paravent peut, en une saison ou deux, être transformé en un bel ornement de jardin.

Un court de tennis en herbe avec des filets arrière pour empêcher les balles d'aller trop loin, recouvert de vignes grimpantes ou de fleurs, ajoute tellement à l'apparence d'un jardin que d'autres améliorations suivront sûrement. Une série de bancs rustiques pour les spectateurs devraient être aménagés du côté ouest, afin qu'ils puissent assister au match de l'après-midi sans avoir le soleil dans les yeux. Si le terrain est vallonné et vallonné, les bancs doivent être placés sur une terrasse d'un côté.

Une maison de thé de caractère est un excellent ajout à un court de tennis. Ce n'est peut-être rien d'autre qu'un revêtement rustique pour protéger la tête des spectateurs, avec des sièges et une table rustique pour servir le thé. S'il est construit sur une terrasse du côté ouest du terrain, les visiteurs peuvent regarder le match dans les circonstances les plus confortables.

On trouve aujourd'hui des filets d'une grande variété, allant de simples ficelles fabriquées à la machine à des filets en coton doublement tricotés à la main, reliés en toile en haut et en bas et renforcés aux coins et au milieu . Un filet solide et durable est finalement le moins cher, et il y aura moins de problèmes de rétrécissement et d'étirement. Pour les courts simples, les filets mesurent 27 pieds de long et 3 pieds de haut, et pour les courts doubles, ils mesurent de 36 à 42 pieds de longueur.

Les poteaux les plus utiles pour maintenir les filets en position sont ceux fabriqués avec des douilles d'ancrage enfoncées en permanence dans le sol. Ces douilles en fer en forme de pelle maintiennent les poteaux fermement en position verticale sans utiliser de haubans. Lorsque les poteaux sont retirés des prises, un bouchon en bois est inséré pour empêcher la saleté de s'y accumuler. En plus de cela, les poteaux en fer sont fournis avec des enrouleurs de filet de tennis qui resserrent ou desserrent le filet selon les besoins. Les bobines se verrouillent automatiquement pour maintenir le filet fermement en position, et elles sont instantanément libérées en déplaçant la poignée.

D'autres variétés de poteaux de tennis peuvent être utilisées si nécessaire, mais les poteaux en bois soutenus par des haubans et des piquets sont les moins satisfaisants. Les piquets sont constamment retirés et détruisent le gazon. Les poteaux d'ancrage droits en fer sont meilleurs que ceux-ci. Ils sont enfoncés dans le sol et maintenus rigides grâce à des embrayages à triple griffes. Au lieu des fourches centrales en fer pour maintenir le milieu du filet à la hauteur réglementaire de trois pieds, des sangles centrales en toile sont désormais préférées. Les sangles en toile ne frottent pas le filet et ne peuvent pas faire sortir la balle du terrain. Une autre méthode parfois utilisée pour maintenir la ligne supérieure du filet droite consiste à utiliser des cordes supérieures en câble d'acier galvanisé. Ces cordons ont une épaisseur d'un quart de pouce, avec des boucles métalliques aux extrémités et des extrémités de corde en manille à fixer aux poteaux. Ils empêchent le filet de s'affaisser au milieu. Les filets reliés en toile sont également conçus pour maintenir le haut ferme.

Il est étrange que davantage de personnes ne fassent pas des filets de sécurité un véritable élément architectural comme pour cette cour située dans le domaine de M. Gage E. Tarbell, Nassau Boulevard, LI, Oswald C. Hering , architecte

SOINS DES TRIBUNAUX

UN TERRAIN BIEN fait , qu'il soit en terre battue ou en gazon, est une réalisation dont on peut être fier, et il donnera plus de satisfaction que toute autre chose ; mais il est essentiel qu'il soit maintenu en parfait état à tout moment. Une vigilance et une attention constantes sont le prix que nous payons pour le bon entretien d'un court de tennis de premier ordre. Le terrain en terre battue dégénérera aussi rapidement qu'une route en macadam, sans réparations appropriées, et le terrain en gazon perdra sa beauté et son utilité beaucoup plus rapidement qu'une pelouse verte s'il n'est pas entretenu. Un peu de soin intelligent apporté chaque semaine à la cour la préservera de la ruine complète, qui doit inévitablement arriver si les dommages ne sont pas réparés sur-le-champ.

Le terrain en terre battue ou en terre battue doit être parcouru environ tous les deux jours pour combler et rouler les dépressions créées par les pieds des joueurs. Sur les terrains où le jeu est quasi continu, la règle est d'effectuer les réparations tous les jours ou tous les dix sets joués. Le moyen le plus simple et le plus efficace d'entretenir un terrain en terre battue est de prendre une bûche droite ou un morceau de bois épais, de cinq à huit pieds de longueur, et d'y clouer un sac grossier ou une toile de jute. Si les bords sont effilochés, tant mieux. Attachez des cordes à chaque extrémité de cette bûche et faites-la glisser plusieurs fois sur le terrain. Les bords irréguliers du chiffon lisseront la surface et feront pénétrer la saleté dans des trous ou des dépressions. S'il existe encore des crêtes ou des grumeaux durs, ceux-ci doivent être desserrés à la main ou à la houe.

Une fois que le dragage a lissé la surface, il faut l'arroser, par temps sec, puis la rouler. Un bon rouleau à main est quasiment indispensable à la préservation du court. L'opérateur doit toujours marcher devant le rouleau et non derrière celui-ci. Le roulage doit continuer jusqu'à ce que la surface soit entièrement lisse. Après le roulage, la surface mouillée doit sécher avant que les terrains ne soient à nouveau délimités.

L'entretien du terrain en gazon doit dépendre dans une large mesure de son utilisation et des conditions météorologiques. Lors des saisons très humides, le gazon est mou et spongieux, et les talons des joueurs s'y insèrent plus profondément. Cela produit de légères dépressions qui peuvent, avec le temps, s'accroître, au point de ruiner la surface si l'on n'y prend pas garde immédiatement. En revanche, par temps très sec, l'herbe est plus facilement érodée et tuée, et il faut l'humidifier fréquemment pour maintenir le gazon en bon état.

Les terrains en gazon doivent toujours être arrosés la nuit après le match. N'importe quel moment après le dernier match fera l'affaire, même si le coucher du soleil est un bon moment. La coupe doit être effectuée tôt le matin après l'arrosage, puis le rouleau doit être appliqué. Cela met le terrain en bon état pour jouer. Si l'herbe est coupée le matin sans arrosage préalable le soir, elle risque d'être endommagée par le soleil brûlant, surtout si le rouleau lourd est utilisé. La règle simple est la suivante : arrosez le soir, coupez le matin, puis roulez.

Toutes les bandes d'herbe nues doivent être remplacées dès que possible par du gazon frais. Découpez le vieux gazon uniformément et déposez du bon nouveau gazon avec des bords bien ajustés. Parfois, de nouvelles graines semées occasionnellement répondront à l'objectif, mais pas aux endroits où les pieds des joueurs causent le plus de dégâts. Si de nombreuses dépressions profondes ont été creusées par les pieds des joueurs par temps pluvieux, elles doivent être comblées avec davantage de terre et du gazon frais planté et tassé fermement.

Il est possible d'installer sur le côté du terrain des éléments tels qu'un abri ou des sièges pour les spectateurs.

Chaque printemps, le terrain en gazon nécessite une attention particulière. En mars ou février, toutes les réparations importantes doivent être effectuées sur le gazon endommagé. Du nouveau gazon doit être posé partout où l'herbe est pauvre ou usée, et s'il est bien ajusté en place, de nouvelles graines semées et une bonne couche de fumier fournie, le terrain devrait être en bon état pendant le temps de jeu. Bien entendu, une fumure régulière doit être effectuée à l'automne de l'année, comme pour la pelouse, et au printemps, elle doit être ratissée et la surface roulée. Cependant, avant de rouler, l'herbe doit être balayée. Le balayage est bien meilleur que le ratissage, même pendant la saison estivale, car les dents du râteau ont tendance à déterrer les racines de l'herbe.

Le balayage est également bon pour les vers de terre, qui gâtent bon nombre de terrains. Le balai disperse les petits monticules causés par les vers, puis le rouleau lisse la surface pour qu'aucune irrégularité ne soit apparente. Certains répandent de l'eau de chaux sur les endroits où les vers sont nombreux, et comme cela les amène à se tortiller à la surface, ils sont balayés et détruits.

Il va sans dire que tous les joueurs de tennis devraient être tenus de porter des chaussures à semelles en caoutchouc et sans talons. Les dommages causés au terrain par les chaussures à talons sont parfois si importants lorsque le gazon est mou qu'il faudra une demi-saison pour le réparer. Lorsque les courts de tennis font partie de la pelouse générale, une machine à cheval peut être utilisée pour couper l'herbe. Dans de tels cas, les sabots des chevaux doivent être rembourrés pour éviter de laisser des empreintes nettes dans le gazon.

Si ces instructions pour maintenir un court de tennis en bon état sont fidèlement suivies, il n'y a aucune raison pour qu'un court de première classe ne puisse pas être entretenu indéfiniment à peu de frais. Il se peut qu'en plus de ces soins, un petit travail d'extermination des mauvaises herbes soit nécessaire pendant la saison de croissance. Il ne faut jamais laisser les mauvaises herbes se propager et prendre pied, sinon elles s'évinceront et tueront l'herbe la plus fine. Ils doivent être arrachés ou déterrés par les racines aussi vite qu'ils apparaissent, et ne jamais pouvoir monter en graine.